...TE A PARIS

.. 29 Avril 1909

HOTEL DROUOT, SALLE N° 8

Monnaies Antiques

GRECQUES ET ROMAINES

MONNAIES FRANÇAISES ET ÉTRANGÈRES

COMMISSAIRE-PRISEUR :
Me ÉMILE BOUDIN
14, RUE DE LA GRANGE-BATELIÈRE

EXPERT :
M. ÉTIENNE BOURGEY
7, RUE DROUOT, 7

PARIS

ADRESSE TÉLÉGR. ÉTIENBOURG-PARIS

Monnaies Antiques

GRECQUES ET ROMAINES

MONNAIES FRANÇAISES & ÉTRANGÈRES

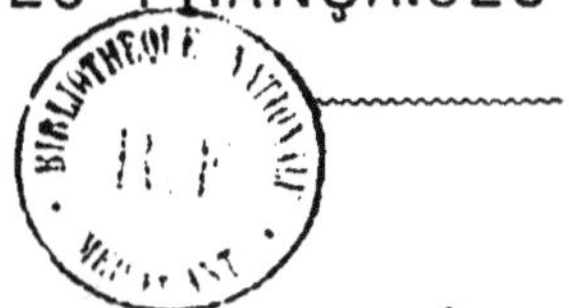

VENTE AUX ENCHÈRES PUBLIQUES

A PARIS, HÔTEL DES COMMISSAIRES-PRISEURS, RUE DROUOT, 9

SALLE N° 8, AU PREMIER ÉTAGE

Jeudi 29 Avril 1909

A DEUX HEURES PRÉCISES

EXPOSITION PUBLIQUE UNE HEURE AVANT LA VENTE

COMMISSAIRE-PRISEUR :
Me ÉMILE BOUDIN
14, rue de la Grange-Batelière

EXPERT :
M. ETIENNE BOURGEY
7, rue Drouot, 7

PARIS

ADRESSE TÉLÉGR. ETIENBOURG-PARIS

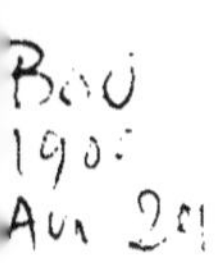

Exposition particulière :

Le Mercredi 28 Avril 1909, chez M. Etienne BOURGEY, expert, 7, rue Drouot. (Téléphone 274-64).

Exposition publique :

Le Jeudi 29 Avril 1909, Hôtel des Ventes, Salle 8, une heure avant la vente.

La vente aura lieu au comptant.

Les acquéreurs paieront dix pour cent en sus des enchères.

L'authenticité des piéces est garantie.

M. Etienne BOURGEY, 7, rue Drouot, se charge aux conditions habituelles (5 o/o sur la limite) des commissions qui lui seront confiées.

L'ordre du catalogue sera suivi ou non. L'expert se réserve le droit de diviser ou de réunir les lots.

MONNAIES GRECQUES

1 **Gaule**. *Marseille*. Jolie drachme. Arg. TB.

2 **Campanie**. *Cales*. Tête casquée de Pallas à dr. ℞. **CALENO**. Victoire dans un bige à g. Didr. Arg. B.

3 *Hyria*. Tête de Héra de trois quarts de face. ℞. **ANIϘY**. Taureau androcéphale marchant à dr. Didr. Arg. B. rare. — Tête casquée. ℞. Taureau à g. Didr. — Ens. 2 p. Arg.

4 *Neapolis*. Tête de nymphe à dr., dessous. **ΔΙΟΦΑΝΟΥΣ**. ℞. Taureau androcéphale couronné par une Victoire. Didr. Arg. B. — La même pièce. Ens. 2 p.

5 — Deux autres Didr. variés. Arg. B.

6 Tête de nymphe à g. ℞. Taureau androcéphale à g. couronné par une Victoire. Didr. Arg. TB.

7 — Deux autres pièces variées (une fourrée) Didr. Arg.

8 — Deux autres pièces variées. La tête de la nymphe à dr. Didr. Arg. B.

9 **Calabre**. *Tarente*. Taras sur le dauphin. ℞. Hippocampe. — Taras sur le dauphin au-dessus des vagues. ℞. Cavalier à dr. — Taras sur le dauphin et brandissant un trident. ℞. Cavalier couronnant son cheval. Didr. Arg. 3 p.

10 Taras sur le dauphin et tenant un arc et une flèche; éléphant sous le dauphin. ℞. Cavalier à dr. — Taras tenant une quenouille. ℞. Cavalier se couronnant. — Taras tenant une corne d'abondance. ℞. Cavalier avec lance et bouclier. Ens. 3 p. Didr. Arg. B.

11 Taras nu sur le dauphin et tenant un casque, **KAL** sous le dauphin. ℞. Cavalier tenant une lance et un bouclier. Didr. Arg. TB.

12 Taras tenant une canthare et un trident; derrière lui, une tête de femme. — Taras tenant une canthare et un trident, dessous petit dauphin. Ens. 2 p. Arg. Didr. B. et TB.

13 — Autre pièce, même type. — Taras portant une grappe et un épi. ℞. Cavalier casqué avec lance et bouclier. Ens. 2 p. Didr. Arg. B.

14 **Lucanie**. *Métaponte* **META**. Epi en haut relief. ℞. Epi en creux. Statère. Arg. TB.

15 Tête casquée de Leucippos à dr., derrière une tête de lion. ℞. **META**. Epi avec feuille à g. surmontée d'une massue Didr. Arg. TB.

16 Tête de Demeter à dr. avec triple pendeloque. ℟. ΜΕΤΑ. Epi avec feuille à dr. surmonté d'un soc de charrue. Didr. Arg. TB. Jolie pièce.

17 *Poseidonia*. POME. Poseidon combattant. ℟. POME. Taureau à g. Statère. Arg. B.

18 *Sybaris*. Taureau à g. retournant la tête, dessous VM. ℟. Même taureau incus. Statère. Arg. B.

19 *Thurium*. Tête casquée de Pallas à dr. ℟. ΘΟΥΡΙΩΝ. Taureau à dr., à l'exergue, un poisson. Didr. Arg. TB.

20 — La même pièce légèrement variée. Didr. Arg. TB.

21 *Velia*. Tête de Pallas à g. ℟. Lion marchant à dr., dessus hibou volant. Didr. Arg. B.

22 Tête casquée à g. ℟. Lion passant. Didr. Arg. TB.

23 Tête de Pallas à g. ℟. Lion à g. dévorant une proie. Didr. Arg. 2 p.

24 Tête de Pallas à g. ℟. ΥΕΛΗΤΩΝ. Lion dévorant un cerf. Didr. Arg. TB.

25 **Bruttium.** *Les Bruttiens*. Buste de Nike à dr. ℟. ΒΡΕΤΤΙΩ. Divinité fluviale debout se couronnant; dans le champ, un gouvernail. Octobole. Arg. TB.

26 Tête de Thétis à dr. ℟. Poseidon, le pied droit sur un fut de colonne. Octobole. Arg. TB.

27 *Caulonia*. Apollon debout à dr. agitant une branche et portant une figurine ailée sur le bras gauche; devant lui, un cerf retournant la tête; derrière ΚΑVΛ. ℟. Même type en creux, sans légende. Statère. Arg. TB.

28 *Croton*. Trépied ; à dr. ΟϘϘ. ℟. Aigle en creux. Statère, flan épais. Arg. TB.

29 Trépied, cigogne et ϘΡΟ. ℟. Trépied en creux. Statère. Arg. TB.

30 — Trois autres exemplaires variés. Arg.

31 Tête laurée d'Apollon à dr. ℟. ΚΡΟ. Trépied; à dr. branche de laurier attachée à un ruban. Statère. Arg. B. Très rare.

32 *Locriens Epizéphiriens*. ΛΟΚΡΩΝ. Tête casquée à g. ℟. Pégase à g. Didr. Arg. TB.

33 *Rhégium*. RECINON. Lièvre à dr. ℟. Mule attelée à un charriot, à l'exergue, feuille. Tétrad. Arg. B. Rare.

34 *Terina*. Tête de Nike à dr. ℟. ΤΕΡΙΝΑΙΟΝ. Victoire assise à dr. Didr. Arg. B. Rare.

35 **Sicile**. *Agrigente*. ΑΚRΑC — ΑΝΤΟΣ. Aigle au repos à g. ℟. Crabe. Didr. Arg. TB.

36 ΑΚRΑ. Aigle. ℟. Crabe. Didr. Arg. TB.

37 *Himera* (sous la Domination d'Agrigente). Coq à g. ℟. Crabe. Didr. Arg. TB.

38 *Gela*. ‹ΕΛΑΣ. Protome de taureau androcéphale. ℟. Femme dans un bige au pas à dr., les cheveux sont couronnés par une Victoire. Tétrad. Arg. TB.

39 — La même pièce d'un autre style. Tétrad. Arg. B.

40 *Léontini*. Tête de Lion entre quatre grains d'orge. ℞. Cavalier. Didr. Arg. TB.

41 *Messana*. ΜΕΣΣΑ. Lièvre à g., au-dessous épis de blé. ℞. ΜΕΣΣΑΝ. Messane dans un char traîné par une seule mule. Tétrad. Arg. TB. Rare.

42 *Panorme* sous la domination carthaginoise. Tête de Demeter à g. ℞. Cheval debout à dr. Statère d'électrum. TB.

43 Tête de Demeter à g. ℞. Cheval à dr. regardant en arrière, au fond un palmier. Didr. Arg. TB.

44 *Segeste*. ΣΑΓΕΣΤΑΙΙΒ. Tête de la nymphe Segeste à dr. ℞. Chien debout à dr. Didr. Arg. TB. Rare.

45 *Selinus*. Feuille d'ache en relief. ℞. Carré divisé en creux et en relief. Didr. Arg. TB.

46 *Syracuse*. Tête laurée d'Apollon à g. ℞. ΣΥΡΑΚΟΣΙΩΝ. Trepied. 50 litra. Electrum. TB.

47 Buste diadémé de Nike à dr. entre quatre dauphins. ℞. Personnage dans un bige à dr.; une Victoire vole au-dessus des chevaux. Tétrad. Arg. TB.

48 Tête de Nike à dr. entre trois dauphins. ℞. Cavalier à dr. Didr. Arg. Rare.

49 Tête casquée d'Athena à g. ℞. ΣΥΡΑΚΟΣΙΩΝ ΞΑ. Foudre. Didr. Arg. TB.

50 **Moesie-Inférieure**. Drachme de Callatia. **Thrace**. *Maronée*. Tête de Bacchus. Tétrad. Ens. 2 p. Arg. B.

51 *Thasos*. Tête de Bacchus couronné de lierre. ℞. Légendes; Hercule nu debout tenant la massue et la peau de lion. Tétrad. Arg. TB.

52 — La même pièce variée. Tétrad. Arg. TB.

53 — La même pièce mais de style barbare. Tétrad. Arg. B.

54 *Lysimaque*. Tétradrachme de flan très large frappé à Byzantium. Arg. TB.

55 — La même pièce, monogr. différent. Tétr. Arg. TB.

56 **Macédoine**. *Philippe II*. Tête de Zeus à dr. ℞. ΦΙΛΙΠΠΟΥ. Cavalier tenant une palme. Tétrad. Arg. TB.

57 *Alexandre-le-Grand*. Tête casquée de Pallas à dr. ℞. ΑΛΕΞΑΝΔΡΟΥ. Victoire debout à g. Statère fr. à Pella. Or. TB.

58 Tête d'Héraclès à dr. ℞. Jupiter assis à g. Tétrad. Arg. TB.

59 — Trois autres Tétrad. variés. Arg.

60 *Demetrius Poliorcète*. Tête cornue et diadémée à dr. ℞. ΒΑΣΙΛΕΩΣ ΔΗΜΗΤΡΙΟΥ. Poseidon debout à g. appuyé sur son trident; le pied droit sur un rocher. Tétrad. Arg. TB.

61 *Antigone Gonatas*. Tête de Pan à g. sur le bouclier macédonien. ℞. Pallas combattant. Tétrad. Arg. TB.

62 *Domination Romaine*. Buste d'Artémis à dr. sur le bouclier. ℞. Massue dans une couronne de chêne. Tétr. Arg. TB.

63 Tête d'Alexandre les cheveux flottants à dr. ℞. AESILLAS·Q· Massue entre un coffret et une chaise curule. Tétrad. Arg. TB.

64 **Acarnanie**. *Ambracia*. Tête casquée de Pallas à g. ℞. Pégase au pas à dr. — Autre. ℞. Pégase volant à g. Ens. 2 p. Didr. Arg.

65 Tête casquée à g.; derrière osselet. — Tête casquée à dr.: derrière canthare. Ens. deux Didr. Arg. B.

66 **Locride**. *Oponte*. Tête d'Arethuse à dr. ℞. Ajax combattant. Hemi drachmes 2 p. — Variété avec la tête à g. Ens. 3 p. Arg. B.

67 *Phocis*. Tête de taureau de face. ℞. Tête d'Apollon, derrière, une lyre. Hemi-drachme. Arg. TB.

68 **Béotie**. *Les Béotiens*. Tête de Cères couronnée d'épis de trois quarts de face. ℞. Neptune debout. Drachme. Arg. TB.

69 Tête laurée de Poseidon à dr. ℞. Victoire debout tenant une couronne et un trident. Drachme. Arg. TB.

70 *Thèbes*. Bouclier beotien. ℞. Canthare. Statère. Arg. TB.

71 **Eubée**. *Histiaea*. Tête de bacchante. ℞. Femme assise sur une proue. Arg. Tétroboles 3 p. B. et TB.

72 **Attique**. *Athènes*. Tête casquée d'Athena de style archaïsant. ℞. AOE. Chouette dans un carré creux. Tétrad. Arg. TB.

73 — Autre Tétradrachme de style différent. Arg. TB.

74 — Autre de style postérieur. Jolie pièce. Arg. TB.

75 — Autre Tétradrachme même style. Arg. TB.

76 — Trois autres pièces. Tétrad. Arg.

77 — Trois autres pièces. Tétrad. — Trois petites divisions. Ens. 6 p. Arg. B.

78 Tête d'Athena à dr. avec le casque à crinière. ℞. Chouette sur une amphore. Tétrad. Arg. TB.

79 *Aegine*. Tortue de mer de style archaïque; ΓO en contremarque sur la carapace. ℞. Carré creux divisé. Statère. Arg. TB.

80 Tortue de mer la carapace écaillée. ℞. Carré creux divisé en cinq parties. Statère. Arg. TB.

81 **Peloponèse**. *Corinthe*. Tête casquée à g. derrière, coq chantant sur une massue. ℞. Ϙ. Pégase. Didr. Arg. TB.

82 — Autre didrachme varié. — Hemi-drachme. Ens. 2 p. Arg. TB.

83 *Sicyone*. Chimère à dr. ℞. Colombe volant à dr. dans une couronne de laurier. Arg. Statère. B.

84 Drachmes au même type. Arg. 3 p. — *Arcadie*. Drachme. Arg. TB. Ens. 4 p.

85 **Bithynie**. *Chalcedon*. Bœuf à g. ℞. Carré creux. Drachme. Arg. B.

86 *Nicomède II*, roi. Son buste diadémé à dr. ℞. : ΒΑΣΙΛΕΩΣ ΕΠΙΦΑΝΟΥΣ ΝΙΚΟΜΗΔΟΥ. Jupiter debout tenant un long sceptre et une couronne. Tétrad. Arg. TB.

87 — Un autre exemplaire, monog. varié. Tétrad. Arg. TB.
88 **Mysie.** *Parium.* Masque de face hérissé de serpents et tirant la langue. ℟. Bœuf à g. se retournant. Hemi-drachme. Arg. TB.
89 *Pergame.* Eumènes II, roi. Tête laurée de Philetaire à dr. ℟. ΦΙΛΕΤΑΙΡΟΥ. Athena assise à g. Tétrad. Arg. TB.
90 **Eolide.** *Cyme.* Tête de Cyme à dr. un ruban dans les cheveux. ℟. ΚΥΜΑΙΟΝ ΜΗΤΡΟΦΑΝΗS. Cheval à dr. le tout dans une couronne de laurier. Tétrad. Arg. TB.
91 *Myrhina.* Tête laurée d'Apollon à dr. ℟. ΜΥΡΙΝΑΙΩΝ. Apollon debout à dr. tenant une patère et une branche de laurier; devant lui l'Omphalos et une amphore. Tétrad. Arg. TB.
92 **Ionie.** *Ephèse.* Abeille. ℟. Cerf. Drachme. — Abeille. ℟. ΕΦ. Deux têtes de cerf. Diobole. Arg. TB. Rare. Ens. 2 p.
93 *Erythrée.* Tête d'Hercule. ℟. Arc, carquois et massue. Drach. — *Milet,* diobole. Ens. 2 p. Arg. TB.
94 *Chios.* Sphinx ailé à g. devant un Diota. ℟. Carré creux divisé. Didr. Arg. B.
95 **Carie.** *Rhodes.* Tête d'Helios de face. ℟. ΡΩΔΙΩΝ. Fleur du Balaustium. Didr. d'ancien style. Arg. TB.
96 Buste d'Helios rayonnant de face. ℟. ΡΩΔΙΩΝ. Fleur du balaustium. Tétradr. Arg. TB.
97 — Didrachme même type varié. Arg. TB.
98 **Lycie.** *Massicytès.* Tête d'Apollon. ℟. ΜΑ. Lyre. Hemi-drachme. Arg. TB.
99 **Pamphylie.** *Aspendus.* Deux lutteurs. ℟. ΕΣΤΓΕΔΙΙ.. Frondeur ; devant une triquetra. Statère. Arg. TB.
100 *Side.* Tête d'Athena avec casque corinthien à crinière. ℟. ΔΙ. Victoire allant à g. tenant une couronne, devant elle une grenade. Tétrad. Arg. TB.
101 **Cilicie.** *Celenderis.* Protome de Pégase. ℟. Bouc agenouillé 8 p. Oboles. — *Soli.* Petites divisions 4 p. Ens. Arg. 12 p.
102 **Galatie.** *Amyntas,* roi. Tête casquée de Pallas à dr. ℟. ΒΑΣΙΛΕΩΣ ΑΜΥΝΤΟΥ. Victoire allant à g. tenant un long sceptre enrubanné. Tétr. Arg. TB. Rare.
103 **Cappadoce.** Monnaies Impériales. Néron, Vespasien, Trajan, etc., 15 p. Arg., didr., drach. et quinaires, B. et TB.
104 **Syrie.** *Antiochus Ier.* Sa tête à dr. ℟. Apollon assis sur l'Omphalos. Tétr. Arg. B.
105 *Antiochus III.* Sa tête diadémée à dr. ℟. Apollon assis sur l'Omphalos. Tétr. Arg. TB.
106 *Seleucus IV.* Tête diadémée à dr. ℟. Celui du précédent. Tétr. Arg. B.
107 *Demetrius Ier.* Sa tête diadémée. ℟. ΒΑΣΙΛΕΩΣ ΔΗΜΗΤΡΙΟΥ. Femme assise sur un siège et tenant un sceptre et une corne d'abondance. Tétr. Arg. B.
108 — La même pièce légèrement variée. Tétr. Arg. B.

109 *Alexandre Bala.* Tête diadémée du roi à dr. ℞. Aigle sur une palme. Tétrad. Arg. TB.

110 *Demetrius II.* Son buste imberbe et diadémé à dr. ℞. ΒΑΣΙΛΕΩΣ ΔΕΜΕΤΡΙΟΥ. Aigle. Tétr. Arg. TB.

111 *Demetrius II, second règne.* Buste barbu et diadémé à dr. ℞. Jupiter assis à g. Tétr. Arg. TB.

112 *Antiochus VII.* Tête diadémée à dr. ℞. Pallas debout à g. tenant une Victoire. Tétrad. Arg. B.

113 *Antiochus VIII.* Sa tête diadémée à dr. ℞. ΒΑΣΙΛΕΩΣ ΑΝΤΙΟΧΟΥ ΕΠΙΦΑΝΟΥΣ. Zeus Ouranios nu debout. Tétr. Arg. TB.

114 — La même pièce légèrement variée. Tétrad. Arg. TB.

115 *Antiochus IX.* Tête diadémée du Roi. ℞. ΒΑΣΙΛΕΩΣ ΑΝΤΙΟΚΟΥ ΦΙΛΟΠΑΤΟΡΟΣ. Pallas debout à g. tenant une Victoire. Tétr. Arg. TB.

116 *Philippe.* Tête diadémée du Roi. ℞. Jupiter nicephore assis à g. Tétr. Arg. TB.

117 **Phenicie.** *Aradus.* Tête voilée et tourelée à dr. ℞. ΑΡΑΔΙΩΝ. Victoire debout à g. Tétrad. Arg. TB.

118 *Tyr.* Tête laurée d'Hercule à dr. ℞. Aigle debout à g. Tétr. Arg. TB.

119 — La même pièce variée. Tétr. Arg. B.

120 *Parthie.* Rois Parthes et Sassanides. Drach. Arg. 10 pièces.

121 **Bactriane.** *Hoerkès.* Buste du Roi couronné et tenant un épi. ℞. Divinité sacrifiant. Statère. Or. B.

122 — Variété de la même pièce. Le Roi est nimbé et tient un sceptre. ℞. ΑΡΔΟΧΡΟ. Divinité deb. Statère. Or. TB.

123 **Egypte.** *Alexandre Aegus.* Tête d'Alexandre-le-Grand couverte de la peau d'éléphant. ℞. Pallas combattant. Tétrad. Arg. B.

124 *Ptolémée II Philadelphe.* Tétradrachme. Arg. TB.

125 *Ptolémée IV, Ptolémée VI.* Ens. 2 Tétr. Arg. TB.

126 **Lot** de monn. grecq. Arg. Tétrad. 6 p.

127 Tétrad. et divisions. Arg. 10 p.

128 Tétradrachmes et divisions. Arg. 11 p.

129 Lot intéressant 6 p. Arg. et 50 p. bronze.

MONNAIES ROMAINES (1)

130 **République.** *Aemilia, Calpurnia, Fonteia, Julia* (2 p.), *Manlia, Marcia, Minucia, Naevia, Porcia, Sulpicia, Tituria* (2 p.). — Ens. 13 p. variées. Arg. B. et TB.

131 *Antonia, Carisia, Cornelia* (2 p.), *Crepusia, Fabia, Fulvia, Furia, Junia, Pompeia, Porcia, Titia, Vibia, Volteia* et une sesterce 1/2 (Bab. I, p. 77). — Ens. 15 p. Arg. B.

(1) Les numéros entre parenthèses se rapportent à l'ouvrage de H. Cohen : *Description historique des monnaies frappées sous l'Empire romain.* 2e édition. Paris 1890-92, 8 vol. in-8°.

132 Lot de monnaies consulaires diverses. 26 p.
133 — Autre lot, 38 p. Arg.
134 **Empire**. *Pompée*. Tête nue à dr. ℟. Anapus et Amphinome; entre eux Neptune 17. Arg. TB.
135 Tête de Janus. ℟. Proue (16). GB. — *Jules César*. Tête laurée à dr. ℟. Vénus nicéphore (35. Babelon, *Mettia* 5). Arg. — Ens. 2 p. B.
136 *J. César et Octave*. Tête laurée de César à dr. ℟. Tête nue d'Octave à dr. (3). GB. Rare. B.
137 *Marc-Antoine et Octave*. Tête d'Antoine à dr. ℟. Tête d'Octave à dr. (8). Arg. B.
138 *Auguste*. AVGVSTVS DIVI F. Sa tête laurée à dr. ℟. IMP. XII. Taureau cornupète à dr. (154). Or. TB.
139 Tête nue à dr. ℟. AVGVSTVS. Capricorne dans une couronne de laurier. (16). Médaillon d'argent. TB. Rare.
140 — Même tête. ℟. Même lég. Autel orné de guirlandes et de deux cerfs (33). Médaillon d'argent. B. Rare.
141 Tête nue à dr. ℟. SIGNIS RECEPTIS. Bouclier entre une aigle et une enseigne (265). Arg. TB.
142 — Caïus et Lucius deb. (43). Instruments de sacrifice (91). Quadrige. ℟. Victoire (115). Ens. 3 p. Arg. B.
143 DIVVS AVGVSTVS. Tête laurée à dr. (570). GB. Restitution de Nerva. B.
144 *Tibère*. TI. CAESAR DIVI AVG. F. AVGVSTVS. Sa tête laurée à dr. ℟. PONTIF. MAXIM. Livie assise à dr. (15). Or. TB.
145 *Antonia*. Sa tête à dr. ℟. Antonia deb. (6). MB. B.
146 *Néron et Drusus*. NERO ET DRVSVS CAESARES Néron et Drusus galopant à dr. ℟. CAESAR DIVI AVG. PRON. AVG. P.M.TR.III.PP. Dans le champ SC. (Variété de Coh. 3). MB. TB. Rare.
147 *Néron*. Tête laurée à dr. ℟. CONCORDIA AVGVSTA. La Concorde assise à g. (66). Or. Beau.
148 — ROMA. Rome assise à g. (258). Arg. TB.
149 Tête laurée à dr. ℟. DECVRSIO S.C. Néron et un soldat galopant à dr. (Variété de C. 92). GB. B. Rare.
150 — Jupiter (121). Temple (335), (*fourré*). — *Galba*. Tête à dr. ℟. Rome deb. (209). — Ens. 3 p. Arg. B.
151 *Othon*. Tête à dr. ℟. La Sécurité (15). Arg. B. Rare.
152 *Vitellius*. Tête à g. ℟. Victoire (120 var.). *Vespasien*. Tête à dr. (497). Arg. La Paix (327). GB. La Bonne Foi (166). MB. — Ens. 4 p. Arg. et Br. B.
153 *Vespasien et ses fils*. Tête de Vespasien à dr. ℟. Têtes nues de Titus et de Domitien en regard (6). Arg. B. Très rare.
154 *Titus* IMP. TITVS CAES. VESPASIAN. AVG. P. M. Sa tête à dr. ℟. TR. P. VIIII IMP. XIIII COS VII P. P. Juif à genoux à droite, soutenant un trophée (273). Or. TB.
155 *Domitien* (235, 260, 278, 573). — Ens. 4 p. Arg. B. et TB.
156 Tête laurée à dr. ℟. IOVI VICTORI S. C. Jupiter assis à g. (315) GB. TB.

157 *Nerva*. L'Equité (3). Instruments de sacrifice (51). La Fortune (66). — Ens. 3 p. Arg. TB.
158 Tête à dr. ℞. La Liberté deb. (114). GB. B.
159 *Trajan*. L'Equité (86). Trophée (98). Victoire (241) Génie (276). L'Equité (462). — Ens. 5 p. Arg. TB.
160 — La Paix (81). L'Espérance (84). L'Equité (85). L'Arabie (89). Trophée (100). Dace en pleurs (120). — Ens. 6 p. Arg. B. et TB.
161 — DIVVS PATER TRAIAN. Trajan père assis à g. (140, 25 fr.). La Fortune (154). Mars (270). Génie (400). — Ens. 4 p. B. et TB.
162 Buste à dr. ℞. REX PARTHIS DATVS S. C. Trajan assis sur une estrade présente un roi à la Parthie (328). GB. TB.
163 SPQR. OPTIMO PRINCIPI SC. Trajan au galop à dr.; sous le cheval un ennemi (503). GB. TB.
164 *Adrien*. Buste lauré à dr, ℞. P. M. TR. P. COS. III. Génie nu deb. à g. tenant une patère et deux épis (1092). Or. TB.
165 — (138, 212, 331, 335 var.). — Ens. 4 p. Arg. B. et TB.
166 — (337, 465, 989, 1174, 1324). — Ens. 5 p. Arg. B. et TB.
167 Buste à dr. ℞. EXERCITVS MAVRETANICVS. Adrien à cheval haraguant quatre soldats (575, 50 fr.). GB. B. Très rare.
168 — La Paix deb. à g. (1192). GB. Beau.
169 *Sabine*. La Concorde (12). Vénus (73). Vesta (81). *Aelius*. La Concorde (5). — Ens. 4 p. Arg. B. et TB.
170 Tête nue d'Aelius. ℞. L'Espérance (57). MB. TB.
171 *Antonin*. Sa tête laurée à g ℞. COS. IIII. Antonin deb. à g. tenant un globe (305). Or. TB.
172 — Modius (33). La Clémence (124). Aigle (158). Autel (164). La Libéralité (490). — Ens. 5 p. Arg. TB.
173 Tête laurée à dr. ℞. TIBERIS S. C. Le Tibre couché à g. (820). GB. B. Rare.
174 *Antonin et Marc-Aurèle* (14). *Faustine mère*. Cérès (78). Junon (215). — Ens. 3 p. Arg. B. et TB.
175 *Marc-Aurèle*. L'Arménie (7). Aigle (82). La Paix (105). Mars (290). — Ens. 4 p. Arg. TB.
176 — La Libéralité (412). La Santé (543, 546). L'Equité (882). — Ens. 4 p. Arg. TB.
177 Tête laurée à dr. ℞. Trophée; à l'exergue DE GERMANIS (163). GB. B. Rare.
178 *Faustine jeune*. Cerès (35). Paon (71). Autel (75). Commode et Antonin enfants jouant sur un trône (190). — Ens. 4 p. Arg. TB.
179 *Faustine jeune*. Buste à droite les cheveux ondés. ℞. Faustine deb. GB. Bon portrait, revers médiocre.
180 *Lucius Verus*. Tête laurée à dr. ℞. Mars nu marchant à dr. (224). GB. B.
181 *Lucille*. LVCILLAE AVG ANTONINI AVG. F. Buste à dr. ℞. VENVS. Vénus deb. à g. tenant une pomme et un sceptre (69). Or. TB.

182 Buste à dr. ℞. Vénus (94). GB. Patine vert foncé. B.

183 *Lucius Vérus*. La Paix (127). L'Equité (297). *Lucille*. La Concorde (6). Vénus (89). — Ens. 4 p. Arg. TB.

184 *Commode*. La Libéralité (311). L'Abondance (445). La Fortune (779). La Paix (831 var.). La Providence (905). — Ens. 5 p. Arg. TB.

185 *Crispine*. Buste à dr. ℞. DIS GENITALIBVS. Autel (15). TB.

186 *Pertinax*. Tête laurée à dr. ℞. L'Assistance divine assise à g. tenant deux épis (C. 33, 60 fr.). Arg. B. Rare.

187 *Septime Sevère* (396, 469, 599). *Julia Domna* (212). *Caracalla* (279). *Plautille*. Plautille deb. (16). — Ens. 6 p. Arg. B. et TB.

188 *Géta*. Pallas (104). Géta deb. (157). *Macrin*. Son buste à dr. ℞. La Sécurité deb. à g. (62). — Ens. 3 p. Arg. TB.

189 *Julia Paula*. Son buste à dr. ℞. CONCORDIA. La Concorde assise (6). Arg. TB.

190 *Aquilia Severa*. Son buste à dr. ℞. CONCORDIA. La Concorde deb. à gauche (2). Arg. Belle. Rare.

191 *Julia Soemias*. Vénus (8). *Julia Maesa*. La Pudeur (36). *Alexandre Sévère*. Jupiter (95). Alexandre deb. (325). Romulus (584). — Ens. 5 p. Arg. TB.

192 *Orbiane*. Son buste diadémé à dr. ℞. CONCORDIA. AVGG. La Concorde assise à g. (1). Arg. B. Rare.

193 *Julie Mamée* (17). *Maximin* (31, 99). *Maxime* (1. PB ou denier défourré). *Gordien III* (250, 261). *Philippe père* (80). *Philippe fils* (48). *Trébonien Galle* (84). — Ens. 9 p. Billon B.

194 *Mariniane*. Buste à dr. ℞. CONSECRATIO. Paon volant à dr. enlevant Mariniane (16). Bill. TB. Rare.

195 *Gallien*. *Postume* (3 p.). *Maximien Hercule*. *Constance II*. *Arcadius*. — Ens. 7 p. Bill. et Arg. B. et TB.

196 *Valens*. D. N. VALENS P. F. AVG. Buste à dr. ℞. Valens deb. de face regardant à dr. (Variété de C. 32). Or. TB.

197 *Honorius*. Son buste à dr. ℞. Honorius deb. à dr. mettant le pied sur un captif. Dans le champ R M. (44). Sou d'Or. TB.

198 *Valentinien III*. D. N. PLA. VALENTINIANVS P. F. AVG. Son buste à dr. ℞. Valentinien deb. posant le pied sur un serpent à face humaine. Dans le champ R. V. (19). Sou d'Or. TB.

199 **Empire d'Orient**. *Léon I*. Sou d'Or (Sabatier VI, 22). TB.

200 *Justinien*. Buste à dr. ℞. Victoire de face. Triens. Or. B,

201 *Tibère Constantin*. Buste de face. Sou d'or. TB.

202 *Maurice Tibère*. Buste à dr. ℞. Croix. Triens. Or. TB.

203 *Focas* Buste de face. Sou d'or. TB.

204 *Héraclius et Héraclius Constantin*. Leurs bustes de face. Sou d'or. TB.

205 *Constant II*. Buste de face. ℞. Croix. Or. TB.

206 Buste à dr. ℞. Croix. Demi-sou d'or. TB.
207 *Constantin Pogonat, Héraclius et Tibère.* Buste de Pogonat de face. ℞. Héraclius et Tibère deb. ; entre eux une croix. (S. xxv. 15 var.). Sou d'or épais. TB.
208 *Théophile, Michel et Constantin VIII.* (S. XLIII, 16). Sou d'or. TB. Rare.

MONNAIES FRANÇAISES

209 *Philippe IV.* Agnel d'or. Agneau Pascal : dessous : Ph' : REX. ℞. Croix feuillue dans une rosace. Hoffmann 1. Or. B.
210 *Charles IV.* Royal d'or. Le roi debout sous un dais gothique et tenant un long sceptre. H : 2. Or. TB.
211 *Philippe VI.* Royal d'or. Le roi tenant un long sceptre, sous un dais gothique. H : 1. Or. TB.
212 Ecu d'or. Le roi assis tenant une épée et un écu aux fleurs de lis. H : 3. Or. B.
213 *Jean le Bon.* Le roi tenant un sceptre, debout sous un dais gothique. H : 8. Or. TB.
214 Franc à cheval. Le roi vêtu d'une cuirasse fleurdelisée et l'épée haute, à cheval au galop. H : 10. Or. TB.
215 *Charles V.* Le roi tenant un sceptre et la main de justice, debout sous un dais gothique. H : 2. Or. TB.
216 *Charles VI.* Agnel. Agneau Pascal, devant un pennon à croix fleurdelisée. H : 3. Or. TB.
217 *Charles VII.* Demi écu. Ecu de France couronné. ℞. Croix feuillue. H : 7. Or. B.
218 Royal d'or. Le roi tenant le sceptre et la main de Justice, debout et vêtu d'un manteau fleurdelisé. H : 9. Or. TB.
219 — Variété. Le manteau du roi est vairé et fleurdelisé. H. 10. var. Or. TB.
220 *Louis XI.* Ecu à la couronne. Ecu couronné accosté de deux lys couronnés. H : 4. Navire au commencement des légendes ; fr. à Bordeaux. Or. TB.
221 *Charles VIII.* Ecu au soleil. Ecu couronné. H : 2 ; fr. à Saint-Pourçain. Or. TB.
222 *Louis XII.* Ecu aux porcs épics. Ecu couronné accosté de deux porcs épics. H : 6. Or. TB.
223 *François Ier.* Ecu d'or. Ecu couronné. ℞. Croix fleurdelisée cantonnée de deux F et de deux lys. H : 4. var. Or. TB. Une étoile sous la 4me lettre de chaque légende.
224 Ecu à la croisette. Ecu couronné. ℞. Croix dans une rosace. H : 12. Or. TB.
225 Ecu du Dauphiné. Champ écartelé de France Dauphiné. H : 19 Or. TB.
226 Teston au buste jeune. — Teston pour le Dauphiné. Ens. 2 p. Arg. B.
227 Teston au buste barbu fr. à Paris. Arg. B.

228 *Henri II, Charles IX, Henri IV, Louis XIV.* Testons, demi francs et quarts d'écu. Ens. 6 p. Arg. B.
229 *Charles IX.* Ecu d'or. Ecu de France. H: 1. Limoges. Or. TB.
230 Ecu d'or. fr. à Rouen 1567. Or. TB.
231 *Louis XIII.* Ecu d'or. Ecu de France. H: 6. Dijon. Or. TB.
232 *Louis XIV.* Louis d'or à la mèche longue fr. à Amiens. H. 12. Or. TB.
233 Louis. Buste vieilli et lauré. ℞. Ecu de France. H: 29. Lyon. Or. TB.
234 Louis. Buste lauré à dr. ℞. Huit L couronnées formant une croix ; une fleur de lys dans chaque angle. H : 42. Or. FDC ; fr. à Troyes.
235 Ecu blanc; écu du Parlement. Ens. 2 p. Arg. B. et TB.
235 *bis* Ecu carambole, 1686. Lille. H : 128. Arg. B.
236 Ecu aux Insignes ; écu aux L ; écu aux trois couronnes. Ens. 3 p. Arg. B et TB.
237 *Louis XV.* Louis Mirliton. Deux L couronnées; dessous deux palmes. H: 14. Or. TB.
238 Louis au bandeau. H: 19. Paris. 1753. Or. FDC.
239 Ecu Vertugadin ; écus de Navarre. Ens. 3 p. Arg. TB.
240 Ecus aux lauriers, au bandeau, à la tête vieille Ens. 3 p. Arg.
241 *Louis XVI.* Louis aux palmes. Ecu couronné avec le sceptre et la main de justice, dessous: deux palmes. H: 1. Or.
242 Ecus (2 p.). Demi-écu et divisions (3 p.). Ecu faux du temps. Ens. 6 p.
243 Ecu contremarqué pour Berne. Ecu constitutionnel. Ens. 2 p. Arg. TB.
244 *République.* 24 livres. Génie écrivant sur les tables de la loi. Paris, 1793. Or. B.
245 *Napoléon Ier.* 5 lire fr. à Milan. — 10 livres des Iles-de-France et Bonaparte. Ens. 2 p. Arg. B.
246 Charles, prince d'Isenbourg. Essai d'argent du ducat. TB.
247 Barcelone. 20 Pesetas de 1814. Or. FDC.
248 *Napoléon II.* 5 et 2 fr. 10, 3, 1 cent. pièces de fantaisie. Ens. 5 p. Arg et Br. TB.
249 *Louis XVIII.* 5 fr. au collet et au type ordinaire. — *Louis-Philippe.* 5 fr. de 1830. Ens. 3 p. Arg. B.
250 *Besançon.* Ecu de 1659 au Charles-Quint debout. Arg. TB.
251 *Lorraine.* Léopold Ier; demi-écu de 1724. Arg. TB.

MONNAIES ÉTRANGÈRES

252 **Angleterre.** *Edouard III.* Noble. Le roi dans un navire tenant l'épée et l'écu. Or. TB.
253 **Pays-Bas.** *Flandres.* Philippe II, Charles II, Philippe IV. Ecus. Ens. 4 p. Arg. B.

254 *Provinces Confédérées*. Ecus. 6 p. variées. Arg. B. et TB.

255 *Liège*. Ecu de 1665 de Max Henri. *Belgique*. Léopold Ier, 5 fr. Léopold II. 5 fr. et 1 fr. Ens. 7 p. Arg. B.

256 *Hollande*. Guillaume de Bavière. Le roi assis sur un trône à clochetons tenant l'épée et l'écu. Klinkaert. Or. TB.

257 Monnaies pour *les Indes Bataves*, 1, 1/2, 1/4, 1/8 de gulden. *Hollande*. Guillaume II, 3 et 2 1/2 gulden. Guillaume III, 2 1/2 gulden. Ens. 7 p. TB.

258 **Moresnet** (Commune libre de). 2 fr., pièce de fantaisie. Arg. FDC.

259 **Suisse**. *République Helvétique*. 4 franken de 1801 pour Berne. Arg. FDC.

260 40 Batz de 1798 pour Soleure. Arg. FDC.

261 *Appenzell*. 4 franken 1812. Arg. FDC.

262 *Berne*. Écu de 1798 au guerrier debout. Arg. FDC.

263 *Genève*. Écu de XII florins IX sols. Prix du travail, 5 fr. de 1850. Ens. 3 p. Arg. TB.

264 *Lucerne*. 4 franken de 1814. Arg. FDC.

265 *Soleure*. 20 Batz de 1795. Arg. TB.

266 *Canton de Vaud*. 40 Batz de 1812. Arg. FDC.

267 *Zurich*. Ecu de 1716. Thaler de 1794. Ens. 2 p. Arg. B. et TB.

268 40 Batz de 1813. Arg. TB.

269 *Prix de tir*. 5 fr. pour Bâle et Schaffouse. — 5 batz de Bâle. 2 p. Ens. 4 p. Arg. TB.

270 5 fr. Nidwald, Saint-Gall, Schwyz. Ens. 3 p. Arg. TB.

271 **Espagne**. *Charles III, Charles IV, Ferdinand VII*. 2 p. Piastres. Ens. 4 p. Arg. B.

272 *Ferdinand VII*. Obsid. de Tarragone, 1809. — Resellado de 10 reaux, 1821. — *Joseph-Napoléon*, 20 reaux de 1813. Ens. 3 p. Arg. TB.

273 *Isabelle II*, 2 p., *République de 1870*, *Alphonse XII*, 2 p., *Alphonse XIII*. Ecus. Ens. 6 p. Arg. TB.

274 *Cordoue*. 8 reaux de 1852. — Demi-piastre pour l'Amérique de *Charles III*. 2 p. Arg. B.

275 **Italie**. *Etrurie*. Cosme III. Ecus fr. à Livourne; Vue du port; Rosier. 2 p. Arg. TB.

276 *François de Lorraine, Léopold Ier, Léopold II*. Ecus. 3 p. Arg. TB.

277 *Lucques*. Ecu au Saint-Martin, 1741. Arg. TB.

278 *République Napolitaine, Bologne, Gênes*. Ens. 3 p. Arg. B.

279 *Raguse*. Ecus de la République. 3 p. variées. Arg. TB.

280 *République Romaine*. Scudo. Arg. TB.

281 *Sardaigne*. Ferdinand Ier et ses successeurs. Écus 5 p. Arg. TB.

282 *Sicile*. Ferdinand IV à François II. Ecus. 4 p. Arg. B.

283 *République Subalpine, Parme, Lucque et Piombino.* Ecus. 4 p. Arg. B.
284 *Venise.* Nicolas de Ponte. Doge. République. Ecus. 2 p. Arg.
285 République de 1848. Ecus 3 p. Arg. TB.
286 **Rome.** *Nicolas V.* Saint Pierre tenant les clefs et l'évangile. Sequin. Or. TB.
287 *Innocent XI.* Demi-écu. *Innocent XII.* Ecu. Ens. 2 p. Arg. B.
288 *Clément XI, Clément XIII, Pie VI, Siège vacant 1829.* Ecus et divisions 4 p. Arg. B.
289 **Monaco.** *Honoré V.* 5 f.. 1837. Arg. TB.
290 **Allemagne.** *Brandebourg.* Georges et Albert; Albert. Ecus. 2 p. Arg. TB.
291 *Brunswick et Lunebourg.* Ecu au Calvaire, 1597. Ecus à l'homme sauvage. Ens. 3 p. Arg. B.
292 Gulden de 1700, gulden de Charles, Species Thaler de 1789 et 1796. Ens. 4 p. Arg. TB.
293 *Bamberg.* Ecus de 1785, 1795 et 1800. Ens. 3 p. Arg. TB.
294 *Francfort.* Ecus de 1777 et de 1796. — *Hambourg.* 32 schil. 1795. Ens. 3 p. Arg. B.
295 *Fulde.* Ecu d'Adalbert. — *Lubeck.* 32 sch. de 1748. — *Mayence.* Ecu de 1765. Ens. 3 p. Arg TB.
296 *Lunebourg.* Florin au nom de l'empereur Frédéric. Or. TB.
297 *Mayence.* Jean II de Nassau. Florin d'or. B.
298 *Munster.* Grand écu de l'Abbaye. 1761. Arg. TB.
299 *Reuss.* Ecu. *Salm.* François, comte de Salm; écu de 1801 (percé). 2 p. Arg. TB.
300 *Saxe.* Frédéric, Jean et Georges. Ecu. — Autres pièces, écus et divisions. Ens. 9 p. Arg. B.
301 *Prusse.* Frédéric-Guillaume; Frédéric Guillaume IV; Guillaume Ier. Thalers et doubles Thalers Arg. 7 p. B. et TB.
302 Frédéric; Guillaume II; 5 et 2 marcks, 4 p. Arg. FDC.
303 *Bavière.* Maxim.-Joseph; Louis Ier; Maximilien II. Thalers et doubles Thalers Arg. 7 p. TB.
304 *Bade.* Louis Ier, Léopold, Frédéric. Thalers, double Thaler 5 marks. Arg. 4 p. TB.
305 *Francfort.* Doubles Thalers de 1854 et 1861. *Hanovre.* Ernest Auguste. Thaler 1849. — Ens. 3 p. Arg. TB.
306 *Hesse.* Louis, Thaler de 1809; Louis III, deux guldens de 1854; Fred. Guill. Ier, double Thaler de 1855. Arg. 3 p. TB.
307 *Mecklembourg Schwerin.* Gulden de 1839 de Paul-Frédéric. *Saxe.* Frédéric-Auguste; Antoine V; Frédéric-Auguste V; Thaler et double Thaler Arg. 5 p. TB.
308 *Saxe-Meiningen.* Bernhard, double gulden. *Wurtembourg.* Guillaume. Double Thaler Charles, 5 mark. — Ens. 3 p. Arg. TB.
309 **Autriche.** Rudolphe, Ferdinand, Léopold. Thalers. Arg. 5 p. TB.

310 Charles VI. Marie-Thérèse. Ecus variés. Arg. 6 p. B.
311 François Ier; François-Joseph. — Ecus. et divisions. 9 p. B.
312 **Danemarck**. Frédéric VI et VII; Christian IX. etc. Ecus et divisions. 6 p. B.
313 **Suède**. *Charles XII*; *Frédéric*; *Gustave III*. Ecus. Arg. 3 p. TB.
314 **Norvège**. *Charles XIV*; *Christian VIII*; *Oscar Ier et II*. Speciès et division. Arg. 4 p. TB.
315 **Grèce**. *Othon*. *Georges*, **Roumanie**. **Bulgarie**. Ecus. 5 p. Arg. TB.
316 **Pologne**. *Frédéric-Auguste*; écu de 1727; *Fréd.-Christian*, 1763, écu; *Stanisl.-Auguste*, 1788, écu; 5 zlot de 1831. — Ens. 4 p. Arg. TB.
317 **Russie**. *Anne*. Roubles. 1733 et 1737. 2 p. Arg. TB.
318 *Pierre II*, *Pierre III*, *Catherine II*. Roubles. Arg. 3 p. TB.
319 *Nicolas Ier*; *Alexandre II*; *Alexaudre III*. Roubles et divisions. Arg. 5 p. TB.
320 **Divers**. *Luxembourg*. 5 fr. de 1889; pièce de fantaisie. Arg. FDC.
321 *Guyane Indépendante*. 5 fr. 1887; pièce de fantaisie. Arg. FDC.
322 *Madagascar*. *Ranavona III*. 1886; pièce de fantaisie. Arg. FDC.
323 *Haïti*, *Havaï*, *Cambodge*. Arg. et billon. 6 p. TB.
324 *Hong-Kong*, *Malacca*, *Les Indes* et autres possessions anglaises. Arg 10 p. TB.
325 *Chine*, *Japon*, etc. Arg. 12 p. TB.
326 *Amérique*. Etats-Unis. Dollars de 1798, (percé), 1799, 1836, 1885. Trade Dollar, 1876. Arg. 5 p. TB.
327 *Brésil*. Jean VI, Michel Ier, Pierre II. Ecus et divisions. Arg. 5 p. TB.
328 *Mexique*. Ecus variés. Arg. 6 p. TB.
329 *Bolivie*. Ecus variés. Arg. 5 p. TB.
330 *Pérou*. Ecus et division. Arg. 5 p. TB.
331 *Chili*, *Colombie*, *Guatemala*, *Uruguay*, etc. Arg. 10 p. TB.
332 *Lot* de Cuivre et billons divers. 27 p. B.

PARIS. — IMP. C. CHAUFOUR, 8 A 10, RUE MILTON

www.ingramcontent.com/pod-product-compliance
Lightning Source LLC
LaVergne TN
LVHW020456230826
846091LV00008BA/3239

* 9 7 8 2 3 2 9 3 6 6 0 4 3 *